**Menno Wigman** was born in 1966 in Beverwijk, North Holland, and is considered one of Holland's major poets. He won many prizes for his work, including the prestigious Ida Gerhardt Poëzieprijs, awarded posthumously. He published six full-length collections, including a 'selected poems', *De droefenis van copyrettes* ('The melancholy of copy centres'). Wigman was also an editor, essayist and prolific translator; Baudelaire and Rilke were among the poets whose work he translated into Dutch. In 2012 and 2013 he was the Poet Laureate of Amsterdam (a two-year position), during which time he wrote many commissioned poems. Wigman was also a musician and throughout his life played as a drummer in various bands. He performed his poetry widely at international festivals and his work is increasingly appearing in translation. In 2016 the British publisher Arc issued a collection of his poems, *Window-cleaner Views Paintings*, translated by David Colmer, and there are French and German selections of his poetry. In 2014 he began to have serious cardiac problems and he died of heart failure in February 2018.

**Judith Wilkinson** is a British poet and award-winning translator living in Groningen, The Netherlands. She has published many collections to date, including Toon Tellegen's *Raptors*, for which she won the Popescu Prize for European Poetry in Translation in 2011. In 2013 she won the Brockway Prize, a biennial prize for the translation of Dutch poetry. Two of her own collections have been published by Shoestring Press. Among the poets whose work she has translated into Dutch are Miriam Van hee, Toon Tellegen and Hagar Peeters. Her website can be visited at www.judithwilkinson.net.

Menno Wigman

# *The World by Evening*

translated from the Dutch by
## Judith Wilkinson

Shearsman Books

First published in the United Kingdom in 2020 by
Shearsman Books Ltd
PO Box 4239
Swindon
SN3 9FN

Shearsman Books Ltd Registered Office
30–31 St. James Place, Mangotsfield, Bristol BS16 9JB
*(this address not for correspondence)*

www.shearsman.com

ISBN 978-1-84861-661-5

Copyright © 2004/2012/2016 by Menno Wigman
Originally published in 2004/2012/2016 by
Uitgeverij Prometheus, Amsterdam

Introduction and translations copyright © Judith Wilkinson, 2020

The right of Menno Wigman to be identified as the author of this work, and of Judith Wilkinson to be identified as the translator thereof, has been asserted by them in accordance with the Copyrights, Designs and Patents Act of 1988.
All rights reserved.

This book was published with the support of
the Dutch Foundation for Literature.

**Nederlands
letterenfonds
dutch foundation
for literature**

# Contents

Introduction — 8

## All Cities Stink in Summer (1997)

| | | |
|---|---|---|
| 16 | Jeunesse dorée / Jeunesse dorée | 17 |
| 18 | Vondelpark / Vondel Park | 19 |
| 20 | Onder het asfalt / Beneath the Asphalt | 21 |
| 22 | Stil maar, wacht maar / You'll See, All Things Will Be Made New | 23 |
| 24 | Tot zichzelf / To Himself | 25 |

## Black As Caviar (2001)

| | | |
|---|---|---|
| 28 | Nachtrust / Night's Rest | 29 |
| 30 | Mijn helft / My Half | 31 |
| 32 | Grauzone / Grey Zone | 33 |
| 34 | Burger King / Burger King | 35 |
| 36 | Thuisvlucht / Flying Home | 37 |
| 38 | Grootsteeds / Metropolitan | 39 |

## This Is My Day (2004)

| | | |
|---|---|---|
| 42 | Dit is mijn dag / This Is My Day | 43 |
| 44 | Lichaam, mijn lichaam / Body, My Body | 45 |
| 46 | Puber / Adolescent | 47 |
| 48 | Kaspar Hauser / Kaspar Hauser | 49 |
| 50 | Calamitas / Calamitas | 51 |
| 52 | Tot besluit / In Conclusion | 53 |
| 54 | Bij de gemeentekist van mevrouw P. / At the Council Coffin of Mrs. P. | 55 |
| 56 | Levensloop / Life Story | 57 |
| 58 | Dit niet / Not This | 59 |
| 60 | Onbegonnen werk / A Hopeless Task | 61 |

## My Name Is Legion (2012)

| | | |
|---|---|---|
| 64 | Bij de uitvaart van het boek / | |
| | The Funeral of the Book | 65 |
| 66 | Medelijden met de lezer / Pitying the Reader | 67 |
| 68 | Aan een man in de supermarkt / | |
| | To a Man in the Supermarket | 69 |
| 70 | Laatste taxi / Last Taxi | 71 |
| 72 | Kamer 421 / Room 421 | 73 |
| 74 | Onder de reactor / | |
| | In the Shadow of Petten's Reactor | 75 |
| 76 | Vuilstort / Rubbish Dump | 77 |
| 78 | Massavaccinatie / Mass Vaccination | 79 |
| 80 | Soms voel je bijna dat je leeft / | |
| | Sometimes You Almost Feel Alive | 81 |
| 82 | Het is dat men de straten kent / | |
| | Although We Know the Streets | 83 |
| 84 | Waar ik viel / Where I Fell | 85 |
| 86 | Tiergarten / Berlin Zoo | 87 |
| 88 | Zwembad Den Dolder / | |
| | Swimming Pool, Psychiatric Institution Den Dolder | 89 |
| 90 | Stramien / Visited | 91 |
| 92 | Brief aan een luie vriend / Letter to a Lazy Friend | 93 |
| 94 | Slapeloos / Insomniac | 95 |
| 96 | Zomeroproer / Summer Riot | 97 |
| 98 | 1933 / 1933 | 99 |
| 100 | Glazenwasser ziet schilderijen / | |
| | Window-cleaner Sees Paintings | 101 |
| 102 | Promesse de bonheur / Promesse de bonheur | 103 |

## Squandering Happiness (2016)

| | | |
|---|---|---|
| 106 | Herostratos / Herostratos | 107 |
| 108 | Aarde, wees niet streng / Earth, Be Gentle | 109 |
| 110 | Opname / Hospital Admission | 111 |
| 112 | Toen ik begon te schrijven / When I Began to Write | 113 |
| 114 | De laatste pagina / The Last Page | 115 |
| 116 | De tijd is op / Time's Up | 117 |
| 118 | Intensive Care / Intensive Care | 119 |
| 120 | Narcisten! / Narcissists! | 121 |
| 122 | Vandaag is iedereen mooi / Today Everybody Is Beautiful | 123 |
| 124 | Geluk heeft een adres / Happiness Has an Address | 125 |
| 126 | Liefde / Love | 127 |

## Poem Written for the Van Gogh Museum

| | | |
|---|---|---|
| 130 | Het oor / The Ear | 131 |

| | |
|---|---|
| Notes | 132 |
| Acknowledgements | 133 |

# Introduction

Menno Wigman's poetry gained praise in the Netherlands from the moment it was first published. He has remained one of Holland's most acclaimed poets, known for his intensity, his sharp and disturbing evocations of urban life, and his technical finesse. His poetry, steeped in other literary traditions but never derivative, combines classical elegance and contemporary subject matter. Wigman balances between colloquial language and more formal rhetoric, a rhetoric that consciously undercuts itself. He is both a public poet, focused on the issues of our time, and a very personal one, and he constantly and passionately questions the entanglement of these two voices. This restlessness energises his work: within a single short poem there are invariably shifts in feeling and tone, from scathing to tender, from convinced to self-mocking, from nerve-wracked to assured. Often the mood is sombre, but it is a sombreness that inspects itself. Wigman once said in an interview: 'I don't want melancholy that doesn't cost anything, that is non-committal.'

Wigman was born in 1966 in Beverwijk and grew up in the village of Santpoort, a place known particularly for its psychiatric institution. At times patients could be found wandering about the local woods, something that fascinated the young Menno. His concern for the outsider probably started during his childhood. Home life felt claustrophobic to him; there was little conversation and the television was always on. When one of his half-sisters from his father's first marriage committed suicide, it came as a great shock to him. As a teenager he began to frequent squats in Haarlem and he was a drummer in various punk bands.

Wigman attended grammar school. Encouraged by his Dutch-language teacher, he wrote and translated black romantic verses and saw himself as a somewhat desolate dandy. From the age of sixteen he published his poetry independently and began giving readings at various venues. In 1984 he published his first collection, *Van zaad tot as* ('From seed to ashes').

In that same year Wigman moved to Amsterdam to study Dutch language and literature at the Free University. He started a one-man magazine, in which he wrote under many, often coquettish, pseudonyms. He has said that he was unhappy in his student days. The poetry of that time was different from his own and to him seemed hermetic and lacking a certain rawness. He spent much of his student life reading and translating the poets he loved.

His official debut was in 1997, when his collection *'s Zomers stinken alle steden* ('In summer all cities stink') was published by Uitgeverij Bert Bakker. It was well received by the critics and soon reprinted. His second collection, *Zwart als kaviaar* ('Black as caviar'), was crowned with an award, as were many of his later collections. In total he published six full-length collections, including a 'selected poems', *De droefenis van copyrettes* ('The melancholy of copy centres').

Wigman was very active as a translator too. Baudelaire, Rilke, Thomas Bernhard, Else Lasker-Schüler and Gérard de Nerval are among the poets whose work he translated into Dutch. In addition he compiled a number of anthologies. He also published a collection of articles on various poets, entitled *Red ons van de dichters* ('Save us from poets'), and a book about his experience as poet-in-residence in psychiatric institution Den Dolder, where he put together a collection of poems written by the patients. He found himself becoming disheartened by all the suffering he witnessed there. He also worked as editor of the Dutch literary journal *Awater* for a while and as such offered advice to budding poets.

In 2012 Wigman was appointed as Poet Laureate of Amsterdam, a two-year position, during which time he wrote many commissioned poems, several of which are included in this selection.

He gave readings at numerous festivals, including Lowlands, Crossing Border and Poetry International. In addition, he continued to perform as a drummer in various bands, the last one being 'The Uncool.' Poet-artist Frank Starik has commented that Wigman wrote 'with a drum set in his head.'

He regularly took part in a scheme originated by Frank Starik and organized by the municipality of Amsterdam, whereby poets commemorate the funerals of those who die unmourned and alone, such as the homeless or elderly. Wigman felt that this humanistic gesture gave rise to a whole new poetic genre, unique in the world. Some of these poignant funerary poems have been included in this book.

Wigman was a slow but disciplined worker, always revising and deleting, and thoroughly researching his poems. There were periods when he locked himself away for four to five days at a time, working fiendishly and barely sleeping. He always preferred to write in the evenings and at night. A few times a year he shared a rented apartment in Berlin; the place was quiet and had no TV or internet, making it ideal for working for hours at a stretch.

In 2013 he developed a life-threatening heart condition and was unable to write for a while. In his last collection, *Slordig met geluk* ('Squandering happiness'), he takes stock of his life, drawing on his experience of being hospitalised.

Wigman's poetry doesn't fit neatly into any Dutch literary context. Unlike most of his contemporaries, he adheres to fairly strict verse forms. The early twentieth-century Dutch poet J.C. Bloem inspired Wigman, but Bloem's urban sonnets are tidier and tamer than Wigman's poems. There are nods at Vasalis in his work, but Vasalis's romanticism is quieter and less unsettling than his. What Wigman shares with some of his contemporaries is a colloquial tone and a certain boldness and immediacy. But perhaps most of all, his work has an affinity with the late 19$^{th}$ century French *poètes maudits*. He was influenced by the decadent poets of the *fin de siècle*; Baudelaire, with his preoccupation with darkness, his rejection of the sentimental and his ironic anti-climaxes, was his great example. Both in his fascination for the anonymous figures inhabiting the subterranean spheres of big cities, and in the structure of some of his poems, Wigman is reminiscent of Baudelaire. 'Pitying the Reader,' for example, echoes the mood of Baudelaire's 'Le goût du néant' ('The taste for nothingness'), although there is less posturing and, arguably, a more deeply felt despair in 'Pitying the Reader.' Wigman was also influenced by some of the German poets whose work he translated. He admired Else Lasker-Schüler, for instance, for her wholeheartedness and her willingness to embrace big words like 'soul.' He once commented: 'her poems are full of storms.' In his own poem 'Love,' the words 'Oh you!' are a direct quote from one of her poems.

Wigman frequently commented on his work in interviews. He felt that we are living in an end-time, an unprecedentedly fast but not very fulfilling time. Many of his poems focus on our consumer culture, on pleasure and its consequences and on the passing of youth. 'Europe has become a department store, something that disgusts and fascinates me. You can't detach yourself from the current culture.' A claustrophobic fear of boredom runs right through 19$^{th}$ century French poetry, and in his own poems Wigman often looks back on nights of pleasure, which he felt were in part a way of warding off boredom. 'When you've emptied the glass to the dregs, what's left?' He aspired to writing poems that 'cut into the heart of the reader like a stiletto' and he believed that 'the best poetry is both universal and subversive. I like my poems to have something harsh about them, something recalcitrant.'

For Wigman, writing meant delving deep into darkness, but without being destroyed: 'I like to balance on the edge, something I both fear and choose. Out of a sense of abandonment I signal in Morse code to those who are reading the work in isolation. There's a kind of contact.'

In terms of technique, he valued strict metres, but he always made sure there are small flaws. Many of his poems approximate the sonnet form; the closest Wigman comes is in the poems that start with a five-line stanza, followed by a four-line, a three-line and a two-line stanza. He called these his 'count-down poems.'

A great deal has been written about Wigman's poetry. Poet Ingmar Heytze, who praises Wigman's 'heart-felt lyricism', calls him 'the finest poet of his generation', likening him to 'a courageous front officer, armed to the teeth, subverting old barricades.'

Poet and critic Marc Hurkmans comments on how the poems balance between *Weltschmerz* and *joie de vivre*. 'Wigman sings about decay and disillusion and there is always an undertone of darkness, but the poet never lapses into maudlin prattle about doom.'

Critic Guus Middag describes Wigman as a poet who looks back, who starts writing when an experience has passed. 'His poetry is carefully reasoned and crystal clear, with a youthful energy that is immediately tempered. The same themes keep recurring: time and again, spleen wrestles with an ideal and the speaker's grand illusions are undercut by reality. The setting is always concrete, for Wigman keeps his feet on the ground.'

Commenting on his last collection, *Slordig met geluk* ('Squandering happiness'), poet Maria Barnas writes: 'Wigman expresses a nihilistic view of life in an exuberant manner. His sentences have a kind of dragging structure, but always get there in the end. Love is what gave him back his writing after a long period of illness.'

Increasingly, Wigman's poetry is appearing in translation. Full-length collections of his work have been published in France and Germany. In 2016 David Colmer's translations of Wigman's poetry, *Window-cleaner Sees Paintings,* were published by Arc. I hope my selection will help build on Wigman's growing reputation in the English-speaking world.

My choices were personal ones: I chose poems that I found powerful and I tried to reflect something of the range of Wigman's work in this collection. I admire his ability to look deep and to confront himself without becoming gratuitously confessional; the poems pulse with temperament, but vehement outbursts run up against lucid analysis and self-scrutiny, making for an unusual interplay of emotion and reflection. In the poems where he explores the events and features of our time, such as 'Burger King' or the haunting 'Grey Zone,' he bears witness passionately, a passion contained in tightly argued and often heavily ironic poems. I have also chosen poems in which he puts himself in other people's shoes with great empathy, such as 'Window-cleaner Sees Paintings', or the commissioned funeral poems, that explore the lives of solitary or homeless people. In addition I have translated many of his love poems, such as the beautiful 'Promesse de bonheur'.

I worked on the translations intermittently for several years. Wigman gave me a great deal of freedom in translating the poems. I was grateful for his feedback, which made me puzzle over and revise specific passages. I tried to preserve the musicality of the originals, as well as their structure and (half) rhymes as much as possible.

In one of the translations, 'Promesse de bonheur,' I followed David Colmer's translation in one of the lines, namely: 'It is a love that must.' It seemed the perfect find, and none of the alternatives I considered had that same inevitability.

Wigman once said that he saw poetry as 'a kind of amulet that you can wear to protect yourself against possible disaster.' After a long period of illness, he began to write again. Of his subsequent collection, *Slordig met geluk*, he said: 'I am beginning to shed some of the black romanticism of my earlier poems. I'm not done yet, and my most recent book feels like the work of a person who has survived himself.'

On 1 February 2018, just a week after Shearsman had accepted this collection of translations for publication, Wigman died of heart failure at the age of 51. His Dutch publisher, Prometheus, wrote in an 'In Memoriam': 'We mourn the loss of one of our greatest poets. Menno Wigman was one of the few writers who won over both his fellow poets and a wider reading public. His death is a blow to Dutch poetry.'

Judith Wilkinson

# 'S ZOMERS STINKEN ALLE STEDEN

1997

# ALL CITIES STINK IN SUMMER

1997

## Jeunesse dorée

Ik zag de grootste geesten van mijn generatie
    bloeden voor een opstand die niet kwam.
Ik zag ze dromen tussen boekomslagen en
    ontwaken in de hel van tweeëntwintig steden,
heilloos als het uitgehakte hart van Rotterdam.

Ik zag ze zweren bij een nieuwe dronkenschap
    en dansen op de bodem van de nacht.
Ik zag ze huilen om de ossen in de trams
    en bidden tussen twee maal honderd watt.

Ik zag ze lijden aan een ongevraagd talent
    en spreken met gejaagde stem: –
was alles al gezegd, nog niet door hen.

Ze waren laat. Aan geen belofte werd voldaan.
    De steden blonken zwart als kaviaar.

# Jeunesse dorée

I saw the greatest minds of my generation
   bleed for an uprising that didn't come.
I saw them dream between the covers of their books
   and wake up in the hell of twenty-two towns,
ill-fated as the torn-out heart of Rotterdam.

I saw them swear by a new-found drunkenness
   and dance on the bedrock of the night.
I saw them weep over the blind herds in the trams
   and pray under cold, unwholesome light.

I saw them suffer from an unsolicited talent.
   I heard them speak in agitated tones –
if it had all been said, then not by them.

They were too late. Their promise unfulfilled.
   The cities shimmered, black as caviar.

## Vondelpark

Hoeveel avonden zaten we niet
    aan het water, rookten te veel,
vergaten in ons hoofd te staren
    en laveerden traag terug naar bed,
onverzadigd als het zomerbloed
    van die verdoofde nachten,
lamzalig van genot en nieuwe
    sprookjes machtig?

De stad was toen een blonde kroeg,
    een toren van extase,
en midden in het park bestal
    de zon de tijd de dag,
we wisten niet meer wie we waren.

Nu is het donker. Nog één kus
    en ons bed zinkt naar de bodem
van de nacht – zo dankbaar,
    zo onvatbaar snel.

# Vondel Park

How many evenings didn't we sit
   by the waterside, smoking too much,
forgetting to stare into our heads,
   before staggering slowly back to bed,
insatiable as the summer blood
   of those dazed nights,
sluggish from pleasure and
   rich in new fairy tales?

The city was a blond pub at the time,
   a tower of rapture,
and in the middle of the park the sun
   stole the day from time
and we lost track of who we were.

Now it's dark. One more kiss
   and our bed sinks to the bottom
of the night – so gratefully,
   so strangely fast.

## Onder het asfalt

De hitte kreunde als een hond
   en door het hoge venster plensde
zonlicht op mijn Grote Bosatlas.
   Ik kende Appelscha en India,
Amerika, New York en Wolvega
   en bij die rode stip stond Stork.
De wereld, leerden wij, was rond,
   en loodrecht onder onze klas
in de beschutting van de dag
   lag Nieuw-Zeeland, was het nacht.

Die middag kwam ik bij een zebrapad
   waar ik de barsten in het asfalt las.
Daaronder is het donker, dacht ik,
   en zag twee vissers turen bij een lamp.
De maan bescheen een open kluis.
   Een plunderaar begroef zijn buit.
Ergens dreef een bleke slager
   in zijn bloed de winkel uit.

Wat wist ik van de streken van de nacht
   wanneer je zonder geld of vrienden zat?
Ik keek weer op en wist niet beter
   of de zon bestond alleen voor mij,
geboren in een onverwoestbaar dorp
   in de oneindigheid van mei.

# Beneath the Asphalt

The heat was moaning like a dog
   and through the tall window sunlight
splashed down on my atlas of the world.
   I knew Appelscha and India,
America, New York and Wolvega
   and that red dot was Stork.
The world, we learned, was round,
   and deep beneath our classroom,
far down, under the lee of day,
   New Zealand lay, and night.

That afternoon, at a crossing,
   I noticed cracks in the road.
I thought: beneath the asphalt lies the dark
   and saw two fishermen peering by a lamp.
The moon shone on an open safe.
   A plunderer was burying his loot.
Somewhere a pale butcher floated
   out of his shop in his own blood.

What did I know about the tricks of night,
   when you were penniless and without friends.
I looked up at the sky – for all I knew
   the sun existed just for me,
born in a village time could not destroy,
   in the infinity of May.

## Stil maar, wacht maar

Wat een geluk dat Holland niet bestaat.

Alleen een tenger land van mist en klei,
alleen miljoenen doden zonder steen,
alleen het ultimatum van de zee.

En wat een troost dat er geen morgen is,
dat er nooit sprake was van sneeuw en hagel,
zon en voorjaarswind – helemaal niks.

Alleen het ultimatum van het licht.

Tot zover het weerbericht.

## You'll See, All Things Will Be Made New

How fortunate that Holland doesn't exist.

Only a slender land of mist and clay,
only the millions of dead without a grave,
only the ultimatum of the sea.

And what a comfort that there's no tomorrow,
that there was never any snow or hail
or sun or a spring breeze – nothing at all.

Only the ultimatum of the light.

That was your forecast for today. Sit tight.

## Tot zichzelf

Alleen mijn nagels en mijn haren,
dat is alles. En wat dan nog?
Ik groeide op, vermaalde brood,
ontliep drie vaders en leed
niet langer aan de ijle lengte
van momenten. Zo werd ik groot,
zonder de vrijheid na te bootsen,
zonder mijn dromen aan te lengen.

Ik groeide op en hield het kort,
nog steeds de jongen aan het raam
die peinst of alles wat bestaat
verdient dat het ten gronde gaat.
Nu, mijn haren zijn de hoop
ontgroeid, mijn nagels splijten
van verwijt en wat rest is stilte,
omsingeld door rumoer van alledag.

Ik ken de waarde van de dood,
niet de prijs, – het gewicht
van een woord, niet dat alles
met de vlakte als ook dit,
mijn haren, mijn nagels, mijn ik.

# To Himself

Only my nails and my hair,
that's all. And so what?
I was young, chewed bread,
dodged three fathers and no longer
suffered from the fleeting length
of moments. That's how I grew up:
I didn't mimic freedom,
I didn't doctor my dreams.

I grew up and I kept things brief,
always the boy at the window
who wonders whether everything that lives
deserves to be destroyed.
Today my hair's outgrown
my hopes, my nails keep splitting
from reproach and what remains is silence,
hemmed in by the din of every day.

I know the value of death,
but not the price, the weight
of a word, but not that everything
will be erased, even this poem
and my hair, my nails, myself.

# ZWART ALS KAVIAAR

2001

# BLACK AS CAVIAR

2001

# Nachtrust

Avond. Twee tuinen verder woedt het voorjaar
   en sluipen kapers door het donker.
Ergens vechten nagels om een vacht. Gekrijs
   om kruimels liefde. Stukgebeten oren.
De krolse oorlog van een voorjaarsnacht.

Bijna vergeten hoe ik met dezelfde woede
   door het donker joeg, hoe jij nog valser
dan een kat je nagels in drie harten sloeg.
   Wat is het lang geleden en wat blijf je mooi.

Ik heb de dagen één voor één geteld
   en met de beste woorden die ik heb:
ik hou van je. In jou vind ik een bed.

En het is lente en we delen hier
   dezelfde nacht met alles wat dat zegt.

# Night's Rest

Evening. A few gardens down spring is raging
   and tomcats prowl through the dark. Somewhere
claws fight over a fur coat. You can hear the screeching
   over crumbs of love, ears being ripped to shreds,
the caterwauling of a night in spring.

I'd almost forgotten how I once chased through the dark
   with that same rage, how you, more treacherous
than a cat, dug your claws into three hearts.
   How long ago it is, how beautiful you still are.

I've counted the days one by one
   and with the best words I can find for you:
I love you. In you I find a bed.

And spring has come and here we are to share
   the same night now, and everything that says.

# Mijn helft

Haar lichaam is een teken, een bewijs
dat alles op de wereld wijst naar ons.
Maar 's nachts schuift er een grijze
zwaardvis over het plafond en schrik
ik wakker op mijn helft. Ik heb het koud

en teken stil mijn kansen uit: nog één
keer één te zijn, twee blinde dieren, god
in bed en diep en echt, een leven lang
uit haar spelonk van bont opstaan,

hoe zou dat zijn? De zwaardvis zwijgt.
In alle talen dromen mannen van genot
en dode liefdes die geen graven kregen.

En ik? Ik lig verblind naast het bewijs
dat alles wijst naar haar en mij.

# My Half

Her body is a sign, the evidence
that everything in this world points to us.
But at night a grey swordfish
inches across the rafters and I wake up
with a start on my half. I am cold

and quietly weigh up my chances: to be one
just one more time, two blind animals, a god
in bed and deep and true, a lifetime long
of rising daily from her cavern of fur,

how would that feel? The swordfish is silent.
In every language men have dreamt of lust
and of dead loves whose spectres still roam free.

And I? I lie here blinded by the evidence
that everything points to her and me.

# Grauzone

Als deze liefdeloze eeuw heeft afgedaan,
  vertel me dan, wie krijgt de grootste bek,
    wie trekt het eerst zijn mes en maait
      zijn angsten weg? Wie vliegt de spiegel aan?
        Wie zet Treblinka recht?

Ik droomde: uit de tuinen van Europa
  klonk gehijg van afgeleefde vijvers, op
    Long Island zakten huizen door de straat,
      de Tiber schudde bruggen van zich af,
        China, Peru, alles had haast.

Ontknopingen genoeg, maar nergens een verband.
  Of toch? Zou alles wat een ramp oproept
    je dichter brengen bij jezelf?
      Ik weet het niet. Ik zie alleen
        de horde die een horde baart,

de straten waar het ego ego kraait. En dwars
  door alle eeuwen de onpeilbare verveling
    van een dinsdag, het licht doet pijn,
      de regen zeikt, er kruipen auto's langs
        en dat zal alles zijn.

# Grey Zone

When this loveless century has run to seed,
  tell me, who will have the biggest mouth then,
    who'll be the first to draw his knife or mow down
      his fears? Who'll fly at the mirror?
        Who'll set Treblinka right?

I dreamt that in the gardens of Europe
  a sound of sighing came from tired ponds,
    on Long Island the houses were imploding,
      the Tiber shook its bridges off,
        China, Peru, all were in a rush.

Plenty of unravellings, and no coherence.
  Or was I wrong? Might everything that spells
    disaster bring you closer to yourself?
      I don't know. All I can see
        is the horde that spawns another horde,

the streets where the ego crows ego. And right
  through all the centuries the measureless boredom
    of a Tuesday, when the light hurts,
      the rain pisses down, cars crawl past,
        and that this might be all.

# Burger King

Was er een tijd dat ik hier boven stond,
mijn mond vol Proust en Bloem, mij hoor je niet,
niet meer. Wat heeft het nog voor zin om in
een taal te denken die geen tanden heeft?
Ik sta alleen. Mijn woorden zijn naar god.

Dus slof ik door de leeszaal van de straat
en blader maar wat door de Burger King,
gewoon, omdat ik leef, omdat ik hopeloos
eenvoudig eet en straks vanzelf vertrek.
– Als deze wanhoop ons Walhalla is,

als hier het ware leven staat te lezen,
mij best, ik zag genoeg. In dit verhaal
betaal je met jezelf, niet eens bedroefd,
eerder verbaasd dat alles wat zo laag
en lelijk is zo sterk en stevig staat.

# Burger King

If there was a time when I was above it all,
my mouth full of Proust and Yeats, you won't
hear me now. For what's the point of thinking
in a language that lacks teeth?
I stand alone. My words have gone to hell.

Shuffling through the library of the street,
I leaf through Burger King for a bit, simply
because I am alive, because my tastes
are desperately simple, and anyway, it's all finite.
If this despair is our Valhalla,

if this is true life's reading room,
that's fine with me, it was plenty. In this story
you pay with yourself, not even disappointed,
but just surprised that everything that's low
and loathsome is so sturdy and unshakable.

## Thuisvlucht

Hoog boven Holland weet ik zeker: hier
wordt alles afgemeten met een liniaal,
geen spookaal, geen Loch Ness of Lorelei
belaagde die kanalen, geen Ophelia
kwam ooit het Hollands Diep afdalen.

Maar 's nachts begint het bier te spoken.
Dan roken er verkrachters bij het riet.
dan schuimen er fanaten door de stad
en beeft het centrum van een dronkenschap
waar Bredero nooit weet van had.

Middag. Sloten. Kanalen. Symmetrie.
Een landschap zonder lef of euforie
waar een versteende kerk de lucht aanvliegt.
Het is de weemoed van de wolkenlucht,
de regen die geen dag zijn hoofd verliest.

# Flying Home

High above Holland I know for sure:
there's no uncharted territory down there.
In those canals no Nessy lies in wait,
no phantom eel, no Lorelei. The Hollands Diep
is not the brook that sealed Ophelia's fate.

But every night the beer will stir up ghosts,
down by the rushes rapists have a smoke,
fanatics comb each corner of the city –
its old heart throbbing with drunkenness
(Jan Steen could not have pictured this).

Afternoon. Ditches. Canals. Organisation.
A landscape without gusto or elation,
where a stony church lunges at the sky.
It is the melancholy of skies of lead,
the rain that never once loses its head.

## Grootsteeds

Wat ze vóór mij deed? Met Hugo at ze kreeft,
met Thomas reed ze door LA, met Sander sliep
ze in Berlijn, met Jean, met Stein... En ik,

zo groen in de geheime algebra
van ons geluk: wier haar, wier lippen en
wier oogopslag zie ik bij haar terug?

Ze weet niet dat ze net als Lisa lacht.
En ik zie niet wat ik van Hugo heb.
Maar na een week of zeven staat er 's nachts

een kring van schimmen rond ons bed te kijken
hoe traag, hoe teder en verbeten wij
hun diepste namen uit ons hoofd verdrijven.

# Metropolitan

What she did before me? With Hugo she ate lobster,
with Thomas she drove through LA, with Sander
she slept in Berlin, with Jean, with Stein… And I,

so green about the secret algebra
of our pleasure; whose locks, whose lips, whose
glance do I see mirrored in her face?

She doesn't know her laugh is just like Lisa's
and I don't see how Hugo is like me.
But six weeks on, an audience of ghosts

has gathered in a circle round our bed,
to watch our slow, sweet, desperate attempts
to banish their deepest names from our heads.

# DIT IS MIJN DAG

2004

# THIS IS MY DAY

2004

## Dit is mijn dag

Vanochtend werd ik wakker in een droom
van iemand die een huid van vlees bewoont.

Ik kon niet vluchten, ik was geen Tsjwang Tse
die had gedroomd dat hij een vlinder was

en zich bij ochtendlicht afvroeg of hij,
Tsjwang Tse, gedroomd had een vlinder te zijn

of dat de vlinder droomde als Tsjwang Tse
te ontwaken, nee, ik was een mens,

een taai skelet met tweeëndertig tanden,
twee handen en een tragisch intellect

dat met een angst voor klokken was behept.
Maar langzaam, bijna heilig, stond ik op,

gaf mijn gezicht een hand en ritste mijn
gedachten dicht. Dit is mijn dag, wist ik.

Hier lonkt een spiegel naar verwonderd licht.
Daar breekt een vlinder uit. En dat ben ik.

## This Is My Day

This morning I woke up in a dream
of someone who lives in a skin of flesh.

I couldn't escape, I was no Zhuangzi,
who dreamt one night he was a butterfly

and wondered at dawn whether he, Zhuangzi,
had dreamt he was a butterfly or whether

the butterfly was dreaming he was Zhuangzi
waking up. No, I was a human being,

a sturdy skeleton with thirty-two teeth,
a pair of hands, a tragic intellect,

cursed, as it happened, with a fear of clocks.
But slowly, almost holy, I got up,

then shook hands with my face and zipped up
my thoughts. This is my day, I knew. Right here

the mirror's flirting with a spell-bound dawn.
A butterfly breaks free. And here I am.

## Lichaam, mijn lichaam

Lichaam, mijn lichaam, hoeveel handen
van hoeveel vreemden kreeg je op je af?

Ooit was de dood een klamme kappershand.
Toen kwam de vrieskou van een stethoscoop.

Weer later brak je in een tandartsstoel
of zat een valse leerkracht aan je hoofd.

En dan die metro's met dat drukke vlees,
dat restvolk dat als vissen langs je gleed

in winkels, liften, stegen en coupés,
lichaam, mijn lichaam, denk toch aan de geur

van eerste kamers en verliefde lakens,
de lente die het in ons werd. Want wij

zijn bang. En angst duurt soms een lichaam lang.
Straks lig ik daar en wordt mijn haar gekamd.

# Body, My Body

Body, my body, how many hands of
how many strangers have you been exposed to?

Once death was a clammy barber's hand.
Then came the cold touch of a stethoscope.

Later, you broke down in a dentist's chair.
At school a shifty teacher stroked your hair.

There was the metro, crammed with all that flesh,
those surplus people who brushed past like fish

in shops, lifts, alleyways and train compartments,
body, my body, just remember the scent

of your first rooms and the enchanted sheets,
how spring announced itself in us. For we're

afraid. And fear can stalk a body till the end.
Next thing I'll be stretched out there, groomed and combed.

# Puber

Wat had je in Vergilius te zoeken?
Dat met die Dido leek vooral bedoeld
om een aftandse leerkracht te ontroeren.

Ontzag? Waarvoor? Voor dode dichters die
je 's nachts boven hun boeken deden vloeken?
Ik had mijn handen vol aan Lesbia

uit de Van Eeghenstraat, verdiepte me
in de grammatica van haar gezicht
en spelde woord voor woord haar lichaam na.

Ze heette Vera. Is allang getrouwd.
Ik grijns, maar doe een moord voor elke zin
waarin Catullus zijn gemis verwoordt.

# Adolescent

And what could Virgil have to say to you?
You had no time for that whole thing with Dido.
(No doubt it pleased some teacher past his prime.)

Respect? For what? For the dead poets who
would leave you cursing over their books at night?
I had my hands full then with Lesbia

from the posh part of town, I was engrossed
in learning the fine grammar of her face
and how to spell her body word for word.

Her name was Vera. Married ages ago.
I grin, but I would kill to coin such lines
as those in which Catullus vents his woe.

# Kaspar Hauser

   Hier geen Natureingang.
Geen beek van zilver, gouden zonlicht, zeikgedicht.
   Hij gaf niet om de zon.

Maar hoorde hij een klank, zag hij een vlam, dan greep
   hij witheet met zijn hand.
Soms stond hij heilig met een schilderij te praten

   of plantte hij bezorgd
een snijbloem in de aarde. Een kind van zeventien
   met kelders in zijn ogen.

Afkomst verduisterd. Mensen die hem willen doden.
   Zijn onbemande mond
die hulpeloos herhaalt wat hem was ingesproken:

   'Ik wil een ruiter worden.'
Meer wist hij niet. En wij, wij leerden Kaspar kijken,
   wilden zijn hoofd met Duits

verrijken, steenhard Duits dat al zijn schrik verdreef.
   Maar het verklaarde niets.
En bastaardprins of niet, gelukkig werd hij nooit.

   En nu is Kaspar dood.
En wij, wij leefden hem, beschreven hem in gloedvol
   Duits dat niets doorzag.

– Breek alle pennen stuk. Tuig elke letter af.
   Er is geen taal die troost,
geen woord dat bloost bij Kaspar en zijn hondendood.

# Kaspar Hauser

       Here no picturesque preamble.
No silvery brook, golden sunlight, saccharine poem.
       The sun meant nothing to him.

But whenever he heard a sound, saw a flame, his hand
       would fly at it, red-hot.
He was known for having holy talks with paintings

       and anxiously planting
cut flowers in the earth. A child of seventeen
       with cellars in his eyes.

His origins obscured. People wanting to kill him.
       His unmanned mouth
helplessly repeating whatever he'd been told:

       'I want to ride horses.'
That was all he knew. And we, we taught him how to see;
       we wanted to enrich his head

with German, rock-hard German that would erase his fears.
       But nothing became clear.
A bastard prince or not, his days remained dreary.

       And now Kaspar is dead.
And we, we lived him and described him in ardent
       German that never understood.

Have done with words, break every pen. There is no language
       to console, no word that can atone
for Kaspar's life, a sorry life that had a sorry end.

# Calamitas

Waar was je toen het WTC? Ik liep door Rome,
zocht naar een nachtblauw overhemd van strenge snit
en moest steeds denken aan de vuile vliegenstrip
die mijn ontbijt zo had verziekt. Ik vond het niet,
dat shirt, en liep toen naar het laatste huis van Keats.

Daar lag hij met zijn grote ogen dood te gaan,
vol liefde, leek het, door zijn beste vriend getekend.
'A thing of beauty…' Vijfentwintig. Schoonheidsdrift
en tbc. Een handschrift. Een gedicht, zo teer
en strak dat het geluidloos door het glas heen brak.

Hoe komt het toch dat tbc iets roerends heeft?
En waarom bracht die vliegenstrip mij zo van slag?
Ik hoorde van het WTC. Als vliegen stierf
men op tv. Ondenkbaar? Zeker. Maar zo raak.
Zo trap je steden in elkaar. Zo stond ik daar.

# Calamitas

Where were you when the World Trade Centre? I was in
Rome, out shopping for a night-blue shirt, well-cut,
and kept obsessing about the filthy fly strip
that had ruined my breakfast. I didn't find it,
that shirt, and went on to pay Keats's house a visit.

There he lay dying, an amazed look in his eyes,
portrayed with love, it seemed to me, by his best friend.
'A thing of beauty…' Twenty-five, beauty fever and
TB. A manuscript. A poem, so delicate
and tight that it broke through the glass without a sound.

Why is there something so touching about TB?
And why did that dirty fly strip disturb my day?
I heard about the towers, people dying on TV
like flies. Unthinkable? Certainly. But if you must
knock cities down, no better way. I stood there, stunned.

## Tot besluit

Ik ken de droefenis van copyrettes,
 van holle mannen met vergeelde kranten,
 bebrilde moeders met verhuisberichten,

de geur van briefpapieren, bankafschriften,
 belastingformulieren, huurcontracten,
 die inkt van niks die zegt dat we bestaan.

En ik zag Vinexwijken, pril en doods,
 waar mensen roemloos mensen willen lijken,
 de straat haast vlekkeloos een straat nabootst.

Wie kopiëren ze? Wie kopieer
 ik zelf? Vader, moeder, wereld, DNA,
 daar sta je met je stralend eigen naam,

je hoofd vol snugger afgekeken hoop
 op rust, promotie, kroost en bankbiljetten.
 En ik, die keffend in mijn canto's woon,

had ik maar iets nieuws, iets nieuws te zeggen.
 Licht. Hemel. Liefde. Ziekte. Dood.
 Ik ken de droefenis van copyrettes.

# In Conclusion

I know the melancholy of copy centres,
   of hollow men with yellowing newspapers,
bespectacled mums with change-of-address cards,

the smell of letter paper, bank statements,
   tax forms, rental agreements, inventories,
the meaningless ink that says we exist.

I saw new suburbs, pristine, deathly,
   where people simply want to look like people,
the street a stainless copy of a street.

Who are they copying? And who am I
   copying? Father, mother, world, DNA –
you stand there proudly, flaunting your own name,

your head crammed full of cleverly copied hope
   of peace, promotion, offspring and bank notes.
And I live in my cantos, yapping away.

I wish I had just one new thing to say.
   Light. Heaven. Love. And sickness and decay.
I know the melancholy of copy centres.

## Bij de gemeentekist van mevrouw P.

Slaapt ze? Ze slaapt. Na drieëntachtig jaar,
   driehonderdvijfenzestig keer per jaar,
haar haar gekamd te hebben, op ik weet niet hoeveel
   schoenen door de stad te zijn gelopen,
steeds maar weer die veters, vorken, lepels,
   mensen, wat voor mensen, waar dan, slaapt ze.

Ze slaapt en ik, morbide als ik ben, denk aan
   haar kam, haar nagelschaar en wenkbrauwstift,
hoe alles, nachtcrème, bankpas, tijdsgewricht,
   wordt weggeworpen, uitgewist. En dit,
is dit beschaamde slepen een begrafenis?
   Alsof je ongemerkt een munt verliest,

op een verveeld station je krant vergeet. Zoiets.
   Noem het tragiek, noem het ritme, de tijd,
die vuile carnivoor, zorgt steevast voor een eind
   dat stinkt. Maar ze slaapt nu, ze slaapt.
Dus dek haar toe en zorg dat haar vermoeide voeten
   nooit meer de straat op hoeven.

# At the Council Coffin of Mrs. P.

Is she asleep? She is. After eighty-three years –
   the sum of more than thirty-thousand mornings –
of combing her hair, running her errands
   in I don't know how many pairs of shoes
and all those endless laces, forks and spoons,
   people, what people, where are they, she sleeps.

She sleeps and I, morbid as I am, think of
   her comb, nail clippers, eyebrow pencil,
how everything, her night cream, bank card, life time,
   is thrown away, erased. And this, is this
embarrassed lugging meant to be a funeral?
   As if a coin's been lost or a newspaper forgotten

at a weary station. Something like that.
   Call it tragic, call it rhythm, time,
that dirty carnivore, always makes sure that the end
   stinks. But she's asleep now, she's asleep.
So tuck her in and make sure her tired feet
        will never have to tread the streets again.

# Levensloop

Voor bijna alles heb ik mij geschaamd.
Mijn nek, mijn haar, mijn handschrift en mijn naam,

de schooltas die ik van mijn moeder kreeg,
mijn vader die zich in een blazer hees,

het huis waar ik voor vriendschap heb bedankt.
Maar nu mijn vader aan vijf slangen hangt,

zijn mond steeds heser over afscheid spreekt,
nu hurkt mijn schaamte in een hoek. Hij stierf

zoals hij in zijn Opel reed: beheerst,
correct, zijn ogen dapper op de weg.

Geen zin in dom geworstel met de dood.
Hoe alles wat ik nog te zeggen had

onder de wielen van de tijd wegstoof.

# Life Story

I was ashamed of nearly everything.
My neck, my hair, my handwriting, my name,

the nerdy school bag that my mother gave me,
my father as he fumbled with his blazer,

the family whose friendship I turned down.
But there are tubes now in my father's arm

and he speaks more and more hoarsely of goodbye.
My shame's crouched in a corner now. He died

the way he drove his Opel: in control,
correctly, eyes fixed firmly on the road.

He saw no point in a dumb fight with death.
How everything I still wanted to tell him

scattered under the wheels of time.

## Onbegonnen werk

Genoeg. Genoeg. Nu geen gedichten meer.
De dag is als een dag, en dat is dat.

Alleen een gek als ik zoekt naar een woord
dat het gejakker van de tijd ontkracht.

Zo kras ik maar wat op papier van hout.
En jij, mijn vriend, weet dat een kist een kist...

Alles bloeit dood. Het stilst in een gedicht.
Genoeg daarom, genoeg. Mijn pen wordt slap

en jij, mijn vader, rust nu in de lucht.
Hoe breng ik ooit je oogopslag terug?

En waarom is de wereld toch zo wijd
terwijl je as haast in mijn handpalm past?

Geen wetenschap die hierop antwoord geeft.
Had ik het hart, ik zou het onderzoeken

zoals een alpinist zijn blik leegeet.

# A Hopeless Task

Enough. Enough. No more poems now.
The day is like a day, and that is that.

Only a fool like me hunts for a word
that might undo the frenzied rush of time.

I scrawl some aimless thoughts on wooden paper,
while you, friend, know a coffin is a coffin…

Everything blossoms to death. Most silently
in poems. And so, enough. My pen grows limp

and you, my father, you rest in the air.
How can I ever make your glance come back?

And can you tell me why the world's so wide,
when your ashes almost fit into my palm?

No science can give answers, or a clue.
Had I the heart, I would investigate,

the way a mountaineer devours his view.

# Dit niet

Zodra de avond zich had omgedraaid
voltrok zich haast een wonder in de straat.

Eerst stierf een ziekenwagen uit het zicht.
Toen viel een kluitje mensen uit elkaar.

Een jongen, kostbaar als een kever, trok
galant zijn mes uit iemands ribbenkast.

Zijn smalle wespenblik kreeg haast iets zachts.
Hij schreeuwde wel, maar slikte alles in.

Toen viel de avond langzaam weer terug
in weemoed en tv, verdween het mes

en liep hij glansloos weg uit dit gedicht.
Een plot was er niet, laat staan muziek.

De dood verzint van alles, maar niet dit.

# Not This

No sooner had the evening turned its back,
than a near miracle took place in the street.

First an ambulance died out of sight
and then a group of people fell apart.

A boy, priceless as an insect, gallantly
pulled his knife out of somebody's chest.

His narrow wasp's gaze almost softened.
He shouted before swallowing it all again.

Then evening slowly slipped back into
sadness and TV, the boy's knife disappeared

and he walked out of this poem, lustreless.
There was no story, let alone violins.

Death will invent the strangest things; not this.

# MIJN NAAM IS LEGIOEN

2012

# MY NAME IS LEGION

2012

## Bij de uitvaart van het boek

De schrijver met zijn ongeschoren woede,
de dichter van drie doodgeboren boeken:
daar staan ze met hun doos vol slome woorden.
Sterk spul of niet: de uitvaart van het boek,
we naderen de uitvaart van het boek.

Vannacht, ik was nog op, stond de literatuur
dronken aan mijn deur. Rot op, riep ik, rot op,
je hebt je kans gehad. Toen droop ze af
en keek ik weer wat grand old Google bracht.

We lezen om te leren hoe te leven.
En ik, mijn boeken moe, ging stil naar bed.
Wat ging er mis? Wat moet ik weten? Schrijf,

schrijf het, schrijf het op, smeer je wijsheid uit,
kom brallen op mijn stoep. Ik ga naar bed.

## The Funeral of the Book

The writer with his unkempt, unshaven rage,
the poet with his string of still-born books:
there they go, with cartloads of lame words.
The weak stuff and the strong: the whole lot's doomed.
We're headed for the funeral of the book.

Last night – I was still awake – Literature
knocked on my door blind-drunk. Sod off, I cried,
you've had your chance. She slunk away. I went
online to see what Google had to say.

We read so we can learn to live. And I,
fed up with books, crept quietly to bed.
What went wrong? What is it I should know? Write,

write it down, get on your soapbox and blather
your wisdom at my door. I'm off to bed.

## Medelijden met de lezer

Een boek? Van kaft tot kaft? Ik mis de kracht.
Zelfs een gedicht mat nu al af. Ik denk
dat ik me aan gedichten overat,
zit maar te staren naar mijn boekenkast
en lijd al maanden aan een reader's block,

zo hevig dat ik haast van letters kots.

En dit gedicht dat geen gedicht wil zijn,
dat op zijn rug ligt en geen daglicht krijgt,
in godsnaam, wat moet ik ermee? Geef toch toe
dat je steeds stroever woorden aan elkaar reeg,
toen moe werd van je delicate geest,

toen medelijden met de lezer kreeg.

Dinsdag. De stad begluurt de stad. Niets doen.
Niets willen doen. Dood van een jongensdroom.
Eerzucht. Begeerte. Alles doorgebrand.
Iets met verdwaasde hoogmoed, dunne roem
en een goddelijk trauma dat ik niet noem.

## Pitying the Reader

A book? From cover to cover? I lack the strength.
Even poetry – just thinking about it –
exhausts me now. I've overdosed on poems,
stare blindly at the pages of my books.
For many months I've had a reader's block,

I've grown allergic to the alphabet.

And this poem that refuses to be a poem,
flat on its back and dying for some light,
for god's sake, what do I want with it?
Admit it to yourself, your lines won't run,
your mind a thing too delicate for words

and you pitied the reader in the end.

Tuesday. A city eyeing itself. Not doing a thing,
nor wanting to. Death of a boyhood dream.
Ambition, desire, all burnt out, done in.
Something to do with hubris, meagre fame
and a divine trauma I refuse to name.

## Aan een man in de supermarkt

En toen, gifmuze, kroop hij in mijn blik:
een man, klein, dik, met onbemand gezicht
die keek alsof hij Ron of Ruud moest heten.
En alles wat hij dacht was mij bekend:
belasting, voetbal, Emma, missverkiezing,

broccoli, koffiefilters – heel zijn mond
een dunne brief vol blanco levensdrift.
En ik was in verwachting van een scheef
gedicht, wou hem haten, kon het niet –
want alles wat hij droomt, dacht ik, droom ik

niet beter. Goed, gegroet dus, vale oom
die net zo magisch over lakens droomt.
De rij in, dan naar huis, deurmat, ijskast,
de bank, de oven, later weer die slaap.
Ik ben zo bang dat je niet eens bestaat.

# To a Man in the Supermarket

Then, poisonous muse, he slid into my aisle,
a man, short, fat, with a vacated face,
who looked as if his name were Bob or Bill.
I knew exactly what was on his mind:
the taxman, football, a Miss Holland pageant,

broccoli, coffee filters. His whole mouth
a thin letter of intent, alive with
blank conviction. And I was pregnant with a
twisted poem, wanted to hate him, couldn't –
for everything he dreams, I thought, I dream

no better. Be greeted then, pale uncle,
whose magic dreams of bed sheets are like mine.
Join the queue, then off home, doormat, fridge,
the sofa, oven, then that sleep again.
I am afraid you might not even exist.

## Laatste taxi

Ik leefde snel en telde af, dat was toen mode.
Ik telde doden, steeds meer doden, en ik dacht
aan drank, aan drugs, aan de millenniumnacht
en rook. En deze eeuw? Muziek en inzicht, veel
verheffing, Google, woede, oorlog, mist.

Er heerst een rookverbod maar niemand kijkt nog fris.
Letterlijk niets houdt onze weerzin in bedwang.
In chatrooms straalt een teder licht. Er is het recht
op geld, op seks, op zwachtels voor de hersenstam,
noem het ontdaan van een Betekenis – en dan.

Ik heb een jeugd gehad. Het is de laatste nacht
van weer een jaar, ik leefde stil en kwam tot niets
en zit nu in een taxi, buiten hoor ik schreeuwen,
mensen die vuurpijlen afsteken, elkaar
beroemde kussen geven. Ik kijk. Ik zie. Zal leven.

## Last Taxi

I lived a fast life, counted down, that was the fashion then.
I counted the dead, more and more dead, and thought
of drink, of drugs, of the millennium night
and smoke. And what about this century? Music and insight,
edification, Google, anger, war and fog.

There is a ban on smoking now and yet no one looks fresh.
We nurture a disgust that knows no bounds.
A tender light shines in our chatrooms. We have the right
to money, to sex, to bandages for our brain stem.
You could say we're stripped of Meaning – and what then.

I had a youth. And here I am in this last night
of yet another year. I lived quietly, got nothing done
and now I'm in a taxi and hear shouting outside.
People are lighting fire crackers, giving each other
famous kisses. I look. I see. Will live.

# Kamer 421

Mijn moeder gaat kapot. Ze heeft een hok,
nog net geen kist, waar ze haar stoel bepist
en steeds dezelfde dag uitzit. Uitzicht
op bomen heeft ze, in die bomen vogels
en geen daarvan die zijn verwekker kent.

Ik ben al meer dan veertig jaar haar zoon
en zoek haar op en weet niet wie ik groet.
Ze heeft me voorgelezen, ingestopt.
Ze wankelt, hapert, stokt. Ze gaat kapot.

Geen dier, zegt men, dat aan zijn moeder denkt.
Ik lepel bevend eten in haar mond
en weet haast zeker dat ze me nog kent.

Het zullen merels zijn. Ze zingen door.
De aarde roept. Krijgt vloek na vloek gehoor.

# Room 421

My mother's going to pieces. She's in a coop,
not quite a coffin, where she soils her chair,
sitting out the same day every day. A view
of trees she has, and in those trees are birds
and none of them knows who created them.

I've been her son for more than forty years,
I visit her but don't know who she is.
She used to read to me, she tucked me in.
She reels, wavers, falters. She's going to pieces.

No other mammals think about their mothers.
Shakily I spoon some jelly into her mouth
and am almost sure she still knows who I am.

They keep on singing, it must be the blackbirds.
The call of the earth: from curse to curse it's heard.

## Onder de reactor

Hier is Holland een scheur in de natuur
waar kale mannen redden wat ze redden.
Hier roddelt de reactor vadsig en
verzuurd over een dorp dat leven wil,
het kustvolk dat maar duurt en duurt.

Wie onder de reactor woont verplant
zijn angst of hij vertrekt. En wie hier werkt
buigt met een machtig brein de bliksem bij,
krijgt onvermoeibaar splijtstof klein.

Avond. Op straat gaan slaafs de lichten aan.
Het is ons brein dat geen defecten duldt
en dorp, Bach, bed, stad, hemel – alles blijft.

In Petten zijn de duurste huizen grijs.
In Petten spookt het van oneindigheid.

# In the Shadow of Petten's Reactor

Here Holland is a gaping rent in nature,
where balding men save simply what they save.
Smugly the reactor mutters its sour tales
about a village that insists on living
and coastal folk who just plod on and on.

Those who live near the reactor uproot
their fears or leave. And those who work there
use brainpower to bend the lightning bolts,
and tirelessly cut atoms down to size.

Dusk. Streetlights switch on submissively.
It is our brain that will not suffer flaws,
and village, Bach, bed, town, sky – all endure.

In Petten even the poshest houses are grey,
the whole place haunted by infinity.

## Vuilstort

Een terp van dode dingen tergt de lucht.
Niets is zichzelf. Veel jichtig huisraad. Vocht,
zwart vocht dat uit een koelkast welt. Voorgoed
kapot, versjacherd, mensenhanden moe
walmt me een stad van afval tegemoet.

En ik kijk en ik kijk. En als ik loop
verlies ik haar, ik voel een baard, mijn jas
verrafelt waar ik sta en alle wolken
jagen Dortmund achterna.

Dan gaat het snel: er drijft een dorpskerk door
het water, wier en vis bevolkt de Dam,
nat, grijs, week, dacht je randstad, zag je zee.

Om wat ik van de tijd, van Holland weet
schrijf ik voor wie dit onder water leest.

# Rubbish Dump

A mound of dead things taunts the sky. Nothing
is itself. Piles of gouty furniture.
Liquid, black liquid oozes from a fridge.
Wrecked for good, squandered, tired of human hands,
a city of garbage greets me with its stench.

I stare and stare, and when I walk away
the picture fades, I feel a beard growing, my coat
turns threadbare on my skin and all the clouds
go chasing after Dortmund.

Then everything speeds up: a church floats past,
seaweed and fish inhabit Dam Square, wet, grey.
What was a city is suddenly a sea.

Musing over Holland and the future,
I write for those who read this under water.

## Massavaccinatie

Creperen, nee, we zullen niet creperen.
Die donderdag, niet zonnig en niet guur
(de dag ging open als een geurloos dekbed),
vertrok de halve wijk naar Rozenburg
en nam de rij voor sporthal De Rozet.

Een nieuwe pest. Wie nu niet ziek is, kan –
kalm waren de ampullen neergezet.
Mannen en vrouwen, vrouwen en kinderen,
ons bloed werd zwaar als stroop en rij na rij
lag zwijgend met het einde overhoop.

De naald gezet, de bovenarm gebet,
dan met een bloedgang weer de snelweg op.
En in de stenen huid van school, kantoor
of achterhuis ontwaren we een klok
en rusten van een zijden doodsstrijd uit.

# Mass Vaccination

Die miserably? No, that's not going to happen.
One Thursday, neither overcast nor sunny
(a day that opened like an odourless blanket),
the neighbourhood took off for Rozenburg,
to form a queue at sports hall De Rozet.

A new plague. If you're not ill now, you might –
a tidy row of ampules waits for us:
men and women, women and children.
Our blood feels heavy as we queue, stiff-lipped,
at loggerheads with our mortality.

The needle's done its job, the arm's been dabbed;
now back onto the road at breakneck speed.
And in the stony skin of school or office
we see a clock, sit down to catch our breath
after our silken dance with death.

## Soms voel je bijna dat je leeft

Soms voel je bijna dat je leeft. Je boekt
een vlucht, betreedt een stad, neemt kamers in
en waant je halfgod bij een kofferklik.

Niets weet je van wie hier je asbak leegt.
Niets weet je van wie hier je lakens schikt,
je paspoort weegt, je hoofd uitruimt. Je leeft.

Zesduizend *scrambled eggs*. Voor jou. Voor jou
houdt Amsterdam zijn gevels overeind,
bouwt men er tunnels, pubs en torens bij.

Die avond ging je kijken bij het IJ.
Je zag een bouwput en je wist het niet.
Wat hield die domme kranen overeind?

Kleiner, steeds kleiner, je voet vond een brug.
*Crowd and crime.* Je schopt terug. Zorgt dat je tong
zich uitspreekt in een welgevormde lus.

## Sometimes You Almost Feel Alive

Sometimes you almost feel alive.
You're on the road, reach a city, book a room,
your case clicks open and you're a demi-god.

You've no idea who cleans your ashtrays here,
you've no idea who makes your bed, weighs up
your passport, clears your head. You are alive.

Six thousand scrambled eggs. For you. For you
Amsterdam has its houses underpinned
and keeps on adding tunnels, pubs and domes.

You walked towards the waterfront that night.
You saw a building site and you weren't sure.
What kept those mindless cranes so secure?

Smaller, ever smaller – your foot found a bridge.
Crowd and crime. You stoop, kick back, your tongue
making its statement in a well-formed loop.

## Het is dat men de straten kent

Daar heeft die man gelegen, dag en nacht –
na tachtig kranten vond men hem, plat, zwart,
met op zijn borst de laatste resten van een kat.

Daar, in diezelfde straat, staat ook een kerk
waarin laatst camera's zijn aangebracht.
Slaapt God? Nee, er zijn dieven onder ons

die – Alziend Oog of niet – naar zilver spieden,
kandelaars en kanselbijbels roven
en Christushoofden van de wanden slopen.

Je bent er niet. Of als ik het niet zie,
hoe komt het dan dat in haast elk pand
waar je geprezen wordt een loeroog hangt?

Je bent er niet. En mocht ik niet goed kijken,
soms denk ik aan die ziel die drie hoog dood lag,
hoe daar een metgezel maar zwierf en kwijnde,

toen heel zijn vacht tegen een borst aan vlijde.

## Although We Know the Streets

That's where the man had lain, day in, day out –
they found him, darkened, eighty newspapers late,
with on his chest the remnants of a cat.

And in that very same street you'll find a church
where cameras were installed the other week.
Is God asleep? No, there are thieves among us,

who – All-seeing Eye or not – forage for silver,
loot candlesticks and bibles from the pulpit
and yank the head of Christ from chancel walls.

You're nowhere to be found. Or if I'm wrong,
how come the places where your praise is sung
need eyes to spy on us from on high?

You're not here – and whenever I'm in doubt,
I think of that poor soul lying three floors up,
how his companion pined and paced the rooms,

before nestling its fur coat on top of him.

## Waar ik viel

Vanonder is een romp een dofzwart ding,
een stalen vinvis met een stalen vin
die zich koelbloedig door het water ploegt.

Daarboven blinkt een vloer. Het lijkt haast feest
zoals die rondvaartboot het water kiest.
Aan boord. De vreugde stijgt. En om elkaar
niet af te vallen schenkt men haastig bij.

Vannacht ben ik gaan kijken waar ik viel.
Een dronken kade in een smalle stad,
daar stond ik stijf van sterrenstof en gleed
mijn hoofd uit, vreemd en koel, zo dreef mijn naam
de stad door en kwam lijkwit aan het licht.

En u die nu uw hoge woorden weegt,
u die hier droog een stuk muziek afspeelt,
u die mijn romp versleept en daarna toch weer
woorden heeft: deze dode doet niet mee.

# Where I Fell

Seen from beneath, a hull's a dull black thing,
a steel fin whale with a steely fin
that ploughs cold-blooded through the waterways.

Above it a shiny deck. Some kind of party
has made that canal boat set out on the water.
On board they're having a blast, and everyone
keeps topping up, duty-bound to join in.

Tonight I went to see where I had fallen:
a drunken quayside in a narrow city.
There I stood stiff with stardust and slid out of
my head, strange and cool, and soon my name
floated through the city and surfaced deathly pale.

And you who weigh your weighty words today,
you who dryly play some funeral tune,
you who lug my body about and can then
find words again: count this dead man out.

## Tiergarten

Stof, roet, stormvuur. Het apenhuis in puin.
Verbrande panters. Zebra's zonder huid.
    Diep onder rokend gruis
hemelt een olifant, een hert hinkt weg
en op het kerkdak hekst een condor rond.

De vleugels met het luik, ze zijn weer thuis
en laten doodgewone jongens uit.
    Verdoofd aarzelt een aap
zijn ogen bij elkaar, een jakhals sluipt
een bioscoop voorbij, de hitte blijft.

Werd er gesproken, later, aan het graf,
niet bij de leeuwen die we moesten doden.
    Maar door de grachten zwom
een zeeleeuw en een condor hield een preek.
    Het hele apenhuis bezweek.

# Berlin Zoo

Dust, soot, storm fire. The zoo in ruins.
Burnt panthers, zebras with no skin.
    Deep beneath pyres of grit
an elephant ascends, a stag limps away,
    a condor casts a hex on the church spire.

The wings with the bomb bays, they're home again.
The hatches let out ordinary men.
    A dazed monkey slowly
recollects its eyes, a jackal
slinks past a cinema, the heat stays.

If words were spoken, later, at gravesides,
there were none for the lions we'd had to kill.
    But in the canals swam
a sea lion and a condor gave a sermon.
    The whole ape house had come crashing down.

## Zwembad Den Dolder

Er zijn gevoelens die fascistisch zijn.
De vader die niet weet waarom hij slaat,
de zoon die half verblind in foto's krast.

De mooiste idioot die ik ooit zag
lag op zijn rug een heel heelal te zijn.
Geen vader kreeg ooit greep op deze pees

die als een kosmonaut het bad door dreef,
geen moeder stookte in zijn vissenkom.
En wit en scheef en wijs zwom hij. Hij zwom.

# Swimming Pool, Psychiatric Institution Den Dolder

Even feelings can be fascist.
The dad's, who can't tell why he beats his son,
the son's, whose blind rage makes him scratch out photos.

The most beautiful idiot I ever saw
lay on his back, a world unto himself.
No dad could put his finger on this fool,

who floated through the pool, a cosmonaut,
no mother rattled his aquarium.
And white and skewed and wise he swam. He swam.

## Stramien

De waanzin zelf gaat goed gekleed.
Zijn werk vergt tact, precisie ook.
Dus kruist hij namen aan,

kamt steden uit, tast schedels af.
Veegt hij zijn voeten, is het raak
en stampt het in de nok.

Weer vraagt zijn vrouw naar zijn pensioen.
En hij bij noodweer nog op pad.
*Niet snik.* 'Verkeerd bedraad.'

Van Luther met zijn inktpot tot Feith,
van Freud tot jou en mij geen mens
die zijn stramien begrijpt.

# Visited

Madness goes about well-dressed.
His work requires tact, precision too.
And so he ticks off names,

combs cities, sifts through skulls.
Wherever he wipes his shoes
all hell breaks loose upstairs.

His wife keeps nagging him to retire,
but he's still out in all weathers.
*Off his rocker.* 'Wrongly wired.'

From Luther with his inkwell to Poe,
from Freud to you and me, no man
can grasp the logic of his lows.

## Brief aan een luie vriend

En als het waar is, zoals Pascal schrijft, dat alle
    ellende van de mensheid
maar één oorzaak heeft, namelijk dat men niet in staat is
    rustig in een kamer te blijven, hoe, mijn vriend,
    hoe zullen onze dagen dan verstrijken?

Je zult dag in dag uit naar doodse straten staren.
    Je zult geen post meer krijgen.
Er zal geen deurbel klinken, geen telefoon gaan, steeds trager
    kruipt het gas door je buizen, je ziet je tuin verdorren
    en hoort het water onder je vloeren woelen.

En alle kassa's en computers halen hun slaap in,
    geen stoplicht geeft nog acht,
er drijven regenpijpen door de straten, bloemenstallen,
    warenhuizen en wapenarsenalen zakken in de aarde
    en jij zit als een pasja op je kamer.

Ver van de steden trekken bomen tegen bomen op.
    Takken, wortels, alles wurgt
elkaar, struiken vechten en verdelgen, gras wint alom veld.
    Niks ruikt naar God. De aarde neemt een nieuw begin.
    De dieren voeren eensgezind een paspoort in.

# Letter to a Lazy Friend

And if it's true that, as Pascal writes, all
    human misery
stems from a single cause, namely that we are incapable
  of staying quietly in a room, then how, my friend,
    how shall we pass our days?

You'll stare at ghostly streets day in day out.
    You won't get post anymore.
No doorbell will ring, no telephone, the gas will soon stop
  flowing through the pipes, you'll see your garden wilt
    and hear the water stir under your floors.

The cash points and computers will catch up on their sleep,
    the traffic lights will fail,
drainpipes will float through the streets, flower stalls,
  department stores and arsenals will sink into the earth
    while you sit in your room like a pasha.

Far from the cities, trees march against trees.
    Branches, roots, strangling each other,
shrubs wipe each other out, grass gains ground.
  Nothing smells of God, the earth begins all over again.
    The animals issue passports, act like men.

## Slapeloos

Een hal en boven in die hal zit jij.
Er is een deur waarachter het gebeurt.
Je wilt niet slapen, hangt maar op een trap
en luistert blozend grote mensen af.

Zestien. Hoogmoed. Je keert je af. En ziek
van de stam zoek je naar een eigen feest.
En als je weer eens niet kunt slapen speelt
je hoofd een feest af dat geen slotklank heeft.

Dertig. Het lijkt wel of je slapen haat.
Veertig. Het wordt nóg later. Doe je nu
je ogen toe dan suist het in je hoofd.
Geen mens wil pootjebaden in de dood.

# Insomniac

A staircase and right at the top you sit.
There's a door and it's happening in that room.
You don't feel like sleeping so you hang about
and eavesdrop on the grownups, half ashamed.

Sixteen. Hubris. You rebel. Sick of your tribe,
you try to find a crowd to call your own
and when you toss and turn at night, your mind
goes on a rave that knows no closing time.

Thirty. By now you seem to loathe sleep.
Forty. It's getting even later. You close
your eyes but your mind's still in motion.
Why get your feet wet in death's ocean?

## Zomeroproer

Een ketel vol met katten en de hitte tikt.
Die hele zomer stoomden we in onze cel,

de zon een steekvlam en ons hoofd een hel
waar beesten van cipiers je tot een naam afbraken.

En steeds dat stille kijkgat, steeds dat gore eten,
de zieke adem van immens gespierde stenen.

Heet nu. Te heet om nog een mens te zijn. En bij
de avonddienst, ik zeg je, brak een ruit. Een schreeuw

van angst, van woede, toen gejoel, we ramden ons
een weg naar buiten, brandden cellenblokken af

en dansten dronken van vernielzucht op het dak.
God weet hoeveel verjonging al dat slopen bracht.

En nog diezelfde nacht brak onweer los en nam
de bliksem foto's van volmaakte levenskracht.

# Summer Riot

A cauldron full of cats and the heat ticking.
All summer long we were steaming in our cells,

the sun a tongue of flame and our heads a hell,
where brutal guards reduced you to a name.

And every day that silent spyhole, that vile food,
the sickly breath of immensely muscular walls.

Hot now, too hot to be human. And during
the evening shift, I tell you, a window broke. A cry

of fear, of rage, then shouting as we rammed our way
out, burnt down the cell blocks and danced on the roof,

drunk with destructiveness. God knows it was
the perfect high and we were on a roll.

The storm bore witness that night. Each lightning bolt
a snapshot of life, electric, whole.

# 1933

Met ongekamde haatgedachten slof
ik over straat, mijn oogbal star van wrok.

Marinus heet ik, makker, en mijn naam
zal als een steekvlam boven Duitsland staan.

Word ik verhoord, mijn hoofd zal weken hangen.
Ben ik zo vaag? Het woord was aan mijn vlammen.

# 1933

With uncombed thoughts of hatred I drag my feet
along the streets, my eyeball rigid with spite.

I am Marinus, comrade, and my name
will burn above Germany, a lasting flame.

If they question me, my head will hang for weeks.
Is that too vague for you? Let my flames speak.

## Glazenwasser ziet schilderijen

Auto's, gelach, geraas: alles slaat dood
op zeven hoog. Ik hoor alleen mijn spons

en het verkouden knarsen van het staal
waaraan ik hang. Soms spreekt een wolk mij aan

of gis ik wat een meeuw te zeggen heeft.
De mensen: druk, wit, stemloos, achter glas.

Op acht hoog kunst. Dat meisje daar, die lach,
wie heeft haar zo bespied dat ze immuun

voor complimenten mijn gezicht in kijkt?
En wanneer breekt die sperwer uit zijn lijst?

Ik hang hier als een ijskoud schilderij
waar niemand oog voor heeft, ik poets en zwoeg

en maak het uitzicht vrij – schilder er maand
na maand onvervalste wolken bij.

Kijk. Daar kruipt al zonlicht in mijn lijst.

# Window-cleaner Sees Paintings

Cars, laughter, din: everything dies down
on the seventh floor. I hear only my sponge

and the frost-bitten gnashing of the steel
I am suspended from. Clouds appeal to me

and I might guess at what a seagull says.
The people: rushed, white, voiceless, behind glass.

The eighth floor: art. That girl there, with that smile –
who's spied on her so much that she can stare

right at me quite immune to compliments?
And will that sparrow-hawk escape its frame?

I hang here like an ice-cold work of art
that no one notices; I polish, sweat

and free up panoramas – month after month
I paint my inimitable clouds.

See how the sunlight creeps into my frame.

## Promesse de bonheur

Ik in haar bed en zij die net de douche uit stapt.
Zoals zij loopt, zoals zij naakt het huis door loopt,
zo zullen vanaf nu de dagen lopen.

Ze neuriet en ik zit verhevigd in haar bed.
Oneindig wakker is ze, warm en trots en zacht
en mooi, zo mooi, ik krijg het niet gezegd.

Het is een liefde die. Het is een wonder dat.
En alles wat ik van een lichaam heb verlangd
staat voor mijn ogen naakt te zijn,

naakt en van mij. De kamer hijgt nog, geil en stroef.
Haar mond, gemaakt voor lippen en genot, haar mond,
haar stoere, hoogverheven mond staat goed.

# Promesse de bonheur

I'm in her bed and she steps out of the shower.
The way she walks, moves through the house, naked,
that's how the days will go from this day on.

She hums a tune. I sit electric in her bed.
Infinitely awake she is, warm and proud and soft
and beautiful, so beautiful, I cannot find the words.

It is a love that must. A miracle that will.
And everything I've longed for in a body
is here, right here, naked before my eyes,

naked and mine. The room's still panting, horny, rough.
Her mouth, that's made for lips and lust, her mouth,
her brave and lofty mouth, looks good on her.

# SLORDIG MET GELUK

2016

# SQUANDERING HAPPINESS

2016

# Herostratos

Er tikken pissebedden in mijn hoofd.
Ze naaien mijn gedachten op.
Ik denk al dagen aan een daad, zo groot,
zo hevig en dramatisch dat mijn naam
in alle kranten komt te staan.

Napoleon, las ik, was kleurenblind
en bloed was voor hem groen als gras.
En Nero, die bijziend was, hield het spel
in zijn arena bij door een smaragd.

Nu even stilstaan. Moet je horen: ik
ga straks de straat op, ik besta het, schiet
me leeg en verf de feeststad groen.

En nog voor het eind van het festijn
zal ik de grootste zoekterm zijn.

# Herostratos

There are roaches ticking in my head,
winding me up. For days on end
I've been dreaming of a deed so great,
intense, mind-blowing, that my name
will be a headline once I'm done.

They say Napoleon was colour-blind
and blood to him was green as grass.
Nero was short-sighted and he'd watch
his gladiators through an emerald.

Stop for a moment. Listen: in a minute
I'll risk it, step into the street, shoot
myself empty and paint the partying city green.

Just google me tonight: I guarantee
no one will have more hits than me.

## Aarde, wees niet streng

Aarde, hier komt een eerzaam lichaam aan
waarin een koninklijke zon is opgegaan.
Achter de ogen scheen een zomermaand,
het middenrif liep vol zacht avondlicht
en bij de hartstreek rees een tovermaan.

De handen voelden water, streelden dieren,
de voeten kusten stranden, kusten steen. Inzicht,
er sloop vreemd inzicht in het hoofd, de tong
werd scherp, er huisden vuisten in de vingers,
de hand bevocht brood, geld, liefde, licht.

Je kunt er heel wat boeken over lezen.
Je kunt er zelf een schrijven. Aarde, wees niet streng
voor deze man die honderd sleutels had,
nu zonder reiskompas een pad aftast
en hier zijn eerste nacht doorbrengt.

# Earth, Be Gentle

Earth, a virtuous body enters now.
In it a majestic sun once rose,
a summer month inhabited the eyes,
the midriff filled with mellow evening light
and round the heart a delicate moon stood guard.

The palms of the hands felt water, stroked pets,
the soles of the feet kissed sand, kissed stone. Insight.
A strange insight crept into the head, the tongue
grew sharp, fists hid inside the fingers,
the hands fought for bread, money, love and light.

You can read plenty of books on the subject.
You might write one yourself. Earth, be gentle
with this man who held a hundred keys or more
and now enters the dark without a compass
to spend his first night here.

# Opname

Het kan je overkomen in een pashok,
je pakt een jas, trekt weg en zakt ineen.

Het kan gebeuren bij een zebrapad
of in een kassarij — bij tastbaar licht

of 's nachts wanneer je op een foto klikt.
De dag zal komen, niet meteen, niet nu,

maar plotseling is daar het kale uur.
De wereld kantelt en de film begint:

een veld vol varens, golvend licht, je hoort
je moeders stem en zweeft en valt en stikt.

En nu je lichaam in het Lucas ligt
komt traag en zwaar een zon op in je hoofd.

Het daagt. Je hart heeft moeten hoesten. Even,
heel even viel de stroom uit in je bast.

Je ligt en wacht. En onder je twee voeten
die morgen onversaagd de stoep begroeten.

# Hospital Admission

It can happen to you in a changing room,
you're trying on a coat, turn pale, collapse.

It can happen to you at a zebra crossing
or waiting in a queue, in broadest daylight

or late at night, clicking on a photo.
The day will come, not instantly, not now,

but suddenly it's there, the barren hour.
The world tilts and the film starts: there's a field

full of ferns, undulating light, you hear
your mother's voice as you float, fall, suffocate.

And now you're in St. Luke's. Very slowly
the heaviest sun rises in your head.

It hits you: your heart coughed. There was a
power cut in your chest, you had no warning.

You lie there and wait. Beneath you your two feet
ready for a comeback in the morning.

## Toen ik begon te schrijven

Toen ik begon te schrijven woonde ik in een dorp
met vuilwit zonlicht in mijn mond. Alom vrede.
Ik trapte naar de zon en wist niet hoe te leven.

Toen ik begon te schrijven stond het al geschreven
dat ik naar Amsterdam zou komen. Heisa, heisa,
ik leefde en ik schreef. Geen regel bleef.

Als zoon van een verziekte generatie sneed
ik sierlijk in mijn vlees. Ja, ik had liefgehad,
ik dronk wat, reisde wat – nog had ik niks beleefd.

Ik geselde mijn geest, zocht het bij Proust en Yeats,
verloor me in muziek en viel toen stil. – Later,
veel later. De dood stond aan mijn autodeur te rukken

en ik schrok weerloos wakker in een witte zaal.
Toen schopte ik de Schoonheid van mijn schoot
en kwam ik grimmig zingend op verhaal.

# When I Began to Write

When I began to write I was living in a village
with off-white sunlight in my mouth. Peace was everywhere.
I kicked at the sun and didn't know how to live.

When I began to write it was already written
that I'd move to Amsterdam. Thank god for that:
I was alive and writing. I blotted every line.

Son of a spoilt generation, I cut my flesh
elegantly. Yes, I loved from time to time,
I drank a bit, travelled a bit – but life escaped me.

I racked my brain, I turned to Proust and Yeats,
I lost myself in music, then fell silent. – Later,
much later. Death was wrenching at my car door

and I wound up in a white room without choice.
Then I woke up, kicked Beauty off my lap
and, singing a grim song, I found my voice.

## De laatste pagina

Geduldig draagt de aarde onze huizen,
ze slaapt onder een stenen korst van wegen,
steden, torens en kantoren, ze stut
en laat ons duren. En wij, een schimmellaag
van intellect, trots op miljarden muren,
wij bouwen door en blijven haar bedekken
met kerncentrales en bibliotheken.

Neem deze bibliotheek: een vuist van steen
waarin je alles over hoop kunt lezen.
Een stille kuif spelt hoe je splijtstof maakt
en honderdduizend ogen bouwen aan
een boek dat schittert als een honingraat.

De aarde slaapt en alles staat. Pas op
de laatste pagina vergaat je huis.
Wees slim en lees geen boeken uit.

# The Last Page

Patiently the earth carries our houses,
she sleeps under a black crust of stones,
cities, towers and offices, propping us up,
letting us last. And we, a fungal layer
of intellect, proud of a billion walls,
we build and build and keep on covering her
with power stations, malls and libraries.

Take this library: a fist of stone
where you can lose yourself and live in hope.
A quiet crew-cut spells how to split atoms
and a hundred thousand eyes combine
to build a book that sparkles like honeycomb.

The earth's asleep and everything stands.
Beware the last page, when your house falls down.
Be smart, avoid the bitter end.

# De tijd is op

*In memoriam Gerrit Komrij*

De eerste keer Venetië: grandezza!
Je zag een gondelier, hij stonk van pracht,
de zon zonk als een wrak het water in
en schoonheid zegevierde in je hoofd.

Je leefde en het licht was als de dood.

Luguber de lagunen en luguber
de gondel die aan rotte palen trok.
En 's avonds duizelde je stegen door,
verloor je je in dood en avontuur

en alles, alles was nu literatuur.

De stegen van een lege bibliotheek.
Het labyrint dat haast een vrijstaat leek.
— Je dichtte als Venetië. Geen hand
schreef zo galant over het laatste uur.

De tijd is op. Vaar uit naar het azuur.

# Time's Up

*In memoriam Gerrit Komrij*

The first time in Venice: grandezza!
You saw a gondolier, who stank of splendour,
the sun sank in the water like a wreck
and beauty triumphed in your head.

You were alive; the light was pale as death.

Lugubrious the lagoons, lugubrious
the gondola that tugged at rotten poles.
At dusk you walked through dizzying alleyways,
you lost yourself in death and in adventure

and everything, everything was literature.

The byways of a vacant library,
the labyrinth that looked like a free state.
Your poems are like Venice. Gallantly
your words pictured the final hour.

Time's up. So sail out, into the azure.

## Intensive Care

Twee weken in mijn eigen graf gekeken,
zo diep dat ik het haast begeven had.
Mijn hart was op, mijn borstkas stond op breken,
ik vocht verward, verweesd en afgemat,
een nietig schaakstuk uit de Rubáiyát,

toen worstelde ik me weer naar het leven.
– Een droom binnen een droom, een flits, ik zag
het natte graf dat mijn geboorte was
en zwom naar licht dat kwistig droop van licht.

Twee weken in mijn eigen graf gekeken,
zo diep dat ik het grondwater zag staan –
mijn borstkas blafte, o, ik ging eraan.

Twee weken in mijn eigen graf staan staren.
De dood die, toen ik keek, van water leek.

# Intensive Care

For two weeks I had stared into my grave;
so deep – I'd almost given up the ghost.
My heart was wrecked, my chest about to break,
I fought, confused, orphaned and exhausted,
a paltry chess piece from the Rubaiyat,

then wrestled myself back towards life again –
a dream within a dream, and in a flash
I saw the wet grave that had been my birth
and swam towards light that was dripping with light.

For two weeks I had stared into my grave;
so deep – I'd reached the groundwater, gone under,
my chest barked, oh, I was a goner.

For two weeks I had stared into my grave –
and Death is made of water, I believe.

Narcisten!

Net als Venetië trekt Amsterdam dag
en nacht narcisten aan. Het zijn de spiegels,

de diepe, zieke spiegels van de grachten,
het is het water dat je gevel rekt,

het water dat galant de luchten vangt
en elke blik of kus op film vastlegt.

Narcisten! Laat in mei! Hun fraaie tred,
hun weergaloze kop: het komt op film.

Het is een drukke stad die aandacht wil
en krijgt. En jij staat bij het IJ en ziet

hoe beeld na beeld in de montagekamer
van het water glijdt en daar verdwijnt.

Een bijrol zijn we, ijdel, lang van stof,
en in een bijzin zullen we verdrinken.

Maar voor we uit het script worden geknipt
spiegelen we ons piekfijn aan het licht.

# Narcissists!

Like Venice, Amsterdam's a magnet for narcissists,
day and night. The mirrors are to blame,

the deep, sick mirrors of the waterways,
the curved canals, stretching your façade,

the gallant water capturing every sky,
recording every look or kiss on film.

Narcissists! Late in May! Their elegant gait,
their incomparable faces, all caught in motion.

This busy city craves attention and gets it.
And you are at the waterfront and note

how image after image slides into the
water's editing room and vanishes there.

We play only a tiny part, vain and verbose,
and we will drown in a dependent clause

and yet before we're cut out of the script,
we'll study the light and preen ourselves in it.

## Vandaag is iedereen mooi

*In memoriam Maarten van Roozendaal*

De ene helft van zijn leven had hij weggezopen,
 de andere ging op aan katers.
Vrijdag. Hij had niet Schopenhauer zitten lezen.
 Hij dacht niet aan dood en niet aan later
en half gehavend liep hij over straat en zag

een mooi gezicht, toen nog een mooi gezicht en dacht:
 vandaag is iedereen mooi, mijn god,
wat zijn de mensen goed geslaagd. En iedereen,
 ook ik, is nog een keer een lente waard.

Drinken is doodgaan en weer opstaan uit de dood.
 Ik denk dat ik wel duizend levens heb
geleefd en steek mijn kop nu in het voorjaar.

Doorluchtig verder lopen, doodleuk gezichten prijzen,
 bij een kroeg neerstrijken en drinken op het licht.

# Today Everybody Is Beautiful

*In memoriam Maarten van Roozendaal*

He'd drunk half of his life away,
    the other half was spent on hangovers.
Friday. He hadn't been reading Schopenhauer,
    he hadn't been dwelling on death or on tomorrow.
Dishevelled he walked down the street and saw

a beautiful face and then another and he thought:
    today everybody is beautiful, my god,
how well they've all turned out. And everyone,
    myself included, is worth another spring.

Drinking is dying and rising from death again.
    I reckon I've lived at least a thousand lives
and today I'll bury my head in the spring.

Breezily strolling about, I'll check out the faces I meet,
    before hitting the pub and drinking to the light.

## Geluk heeft een adres

De zon schuift voor de zon, *A day in bed*,
hoe heet dat boek ook weer? Niet denken nu,
rust uit. Je hebt vandaag geen mens beschaamd,
    laat staan jezelf. Rust uit, het gaat je best:
        geluk heeft een adres.

Opeens, heel vreemd, een woensdag van oud licht,
je moet naar school en 's ochtends wrijft een hand
met spuug de slaap uit je ogen, de rij,
    de rekenles en daarna water, wit
        en heilig zwem je weg.

De zon schuift voor de zon. Het is een dag
van koffie, kamerjassen en geluk
om niks. Het water kust de kaden schoon.
    Een klas loopt door het licht. Toch mooi dat dit
        gedicht niet nodig is.

## Happiness Has an Address

The sun slides across the sun, *A Day in Bed*,
was that the title of that book? Never mind,
just rest. You haven't upset a soul today,
    not even yourself. So rest now, you're all right:
        happiness has an address.

Suddenly, strangely, a day filled with old light,
it's time for school and in the morning
a spit-wet hand rubs sleep from your eyes,
    you stand in line, then maths, then water, pale
        and sacred you swim away.

The sun slides across the sun. A day made up
of coffee, dressing gowns and happiness
about nothing. Water kisses the quays clean.
    Schoolchildren walk through the light.
        Who needs a poem on a day like this?

## Liefde

De winter van misnoegen is voorbij.
Zie hoe ik parel in het voorjaar. – Jij!
Ik zwierf zo lang van ik naar ik naar ik
en nu zie ik alleen nog jouw gezicht.

# Love

The winter of discontent is over.
See how I thrive in spring. Oh you!
I drifted for so long from me to me to me.
Now all I see is you, and only you.

# GEDICHT VOOR
# HET VAN GOGH MUSEUM

# POEM WRITTEN FOR
# THE VAN GOGH MUSEUM

## Het oor

Het was een droom, zoveel stond vast, en in
het gras zag ik het lapje oor van Van Gogh.

Half twee. Wit licht. Ik boog me naar de grond,
draaide het om en opende mijn mond:

wie dwong je om zo scherp het licht te lezen?
Waar stond die ladder naar een hoger leven?

Een streven, blind en woest, een tasten, stug
en stevig als een godvergeten vloek

tot het er stond en alles was bewezen.

# The Ear

It was a dream, that much was clear, and in
the grass I saw the shell of Van Gogh's ear.

Noon. White light. I bent down to the ground,
turned the ear round and opened my mouth:

who made you have the sharpest eye for light?
Where was that ladder to a higher life?

A drive, blind and furious, a groping, rough
and fierce as a god-forsaken curse,

until the painting answered, said enough.

# Notes

p. 17, 'Jeunesse dorée' was written in response to Allen Ginsberg's famous 'Howl'.

p. 23, 'You'll See, All Things Will Be Made New': the title refers to a Dutch hymn by Michel van der Plas, 'Stil maar, wacht maar, alles wordt nieuw, de hemel en de aarde' (Calm yourself, you'll see, everything will be made new, heaven and earth).

p. 55, 'At the Council Coffin of Mrs. P.' was written for the Lonely Funeral of Klaaske Pen (1920-2003) and read out by Menno Wigman during the ceremony.

p. 81, 'Sometimes You Almost Feel Alive' was commissioned for the funeral of an Englishman who hanged himself from a bridge near Amsterdam Central Station on the night of 24 March 2008.

p. 83, 'Although We Know the Streets' was written in response to a statement by a Rotterdam council official who had found a dead man in an apartment with the remains of a cat on his chest.

p. 85, 'Where I Fell' was written for the funeral of an unknown man found in a canal near Amsterdam Central Station. His damaged body had probably been hit by a tourist boat.

p. 99, '1933': Marinus van der Lubbe was a Dutch communist executed for setting fire to the German Reichstag building on 27 February 1933.

p. 107, 'Herostratos' was written on the eve of Willem Alexander's coronation as King of the Netherlands.

p. 109, 'Earth, Be Gentle' was commissioned for the 144th Lonely Funeral in Amsterdam.

p. 114, 'The Last Page' was written for the fifth anniversary of Amsterdam's public library, the OBA.

p. 116, 'Time's Up' was written after the death of the well-known Dutch poet Gerrit Komrij (1944-2012).

p. 122, 'Today Everybody Is Beautiful' was written after the death of singer-songwriter Maarten van Roozendaal (1962-2013).

# Acknowledgements

Translations in this collection, or earlier versions of these translations, have appeared in the following journals: *De Hofjeskrant*, *Dream Catcher*, *Dutch*, *The Loch Raven Review*, *Orbis*, *Poetry Salzburg Review*, *Shearsman* magazine, and in the anthology *Europe… a Poem*, Klartext Verlag 2010, edited by Roy Kift.

I am grateful to Menno Wigman for his feedback and willingness to discuss poems.

I would like to thank Anthony Runia and my mother, Han Wilkinson-Dekhuijzen, for their feedback and encouragement, Tom Clifford and Rob Bartelds for some useful suggestions, and David Colmer for his input in the early stages of the project.

I am greatly indebted to the Dutch Foundation for Literature for providing a translation grant.

Thanks are also due to Menno Wigman's publisher, Uitgeverij Prometheus, for permission to print these translations. The Dutch source texts are from the following collections: *'s Zomers stinken alle steden*, Bert Bakker, Amsterdam 1997, *Zwart als kaviaar*, Bert Bakker, Amsterdam 2001, *Dit is mijn dag*, Prometheus, Amsterdam 2004, *Mijn naam is Legioen*, Prometheus, Amsterdam 2012 and *Slordig met geluk*, Prometheus, Amsterdam 2016.

www.ingramcontent.com/pod-product-compliance
Lightning Source LLC
Chambersburg PA
CBHW031152160426
43193CB00008B/344